BEI GRIN MACHT SICH IHR WISSEN BEZAHLT

AF138426

- Wir veröffentlichen Ihre Hausarbeit,
  Bachelor- und Masterarbeit

- Ihr eigenes eBook und Buch -
  weltweit in allen wichtigen Shops

- Verdienen Sie an jedem Verkauf

Jetzt bei www.GRIN.com hochladen und kostenlos publizieren

Grundlagen der Persönlichkeitspsychologie

Gütekriterien für Persönlichkeitstests, Kontroversen in der Persönlichkeitspsychologie und das Konzept der Kreativität und der Intelligenz

GRIN

Bibliografische Information der Deutschen Nationalbibliothek:

Die Deutsche Nationalbibliothek verzeichnet diese Publikation in der Deutschen Nationalbibliografie; detaillierte bibliografische Daten sind im Internet über http://dnb.d-nb.de abrufbar.

ISBN: 9783346916037
Dieses Buch ist auch als E-Book erhältlich.

Druck und Bindung: Books on Demand GmbH, Norderstedt Germany
Gedruckt auf säurefreiem Papier aus verantwortungsvollen Quellen

Das vorliegende Werk wurde sorgfältig erarbeitet. Dennoch übernehmen Autoren und Verlag für die Richtigkeit von Angaben, Hinweisen, Links und Ratschlägen sowie eventuelle Druckfehler keine Haftung.

Das Buch bei GRIN: https://www.grin.com/document/1377003

Einsendeaufgabe

Persönlichkeitspsychologie

Alternative C

Studiengang: B.Sc. Wirtschaftspsychologie

Themenkatalog   gültig 01.01.2023 - 31.01.2024

Abkürzungsverzeichnis

Bzw.	beziehungsweise
o.g.	oben genannte/r
u.a.	unter anderen
Vgl.	Vergleiche
z.B.	zum Beispiel
f.	folgende
ff.	fortfolgende
NPS	narzisstische Persönlichkeitsstörung
vs.	versus
et al.	und andere
TTCT	Torrance Test of Creative Thinking

Genderhinweis

Zur besseren Lesbarkeit wird in dieser Einsendeaufgabe das generische Maskulinum verwendet. Die in dieser Arbeit verwendeten Personenbezeichnungen beziehen sich – sofern nicht anders kenntlich gemacht – auf alle Geschlechter.

1. Aufgabe: Persönlichkeitstests

Persönlichkeitstests zielen darauf ab, das Verhalten und Erleben einer Person in Abhängigkeit und Ausprägung ihrer Persönlichkeitsmerkmale zu erfassen. Im Rahmen der quantitativen Forschung wird ein Persönlichkeitstest durchgeführt. Das Ziel dieser Forschungsmethode ist es, theoretisch fundierte Zusammenhänge zwischen Ursache und Wirkung zu untersuchen.[1] Verschiedene Bereiche, wie die klinische Psychologie oder die berufliche Personalauswahl und -entwicklung, verwenden Persönlichkeitstests.[2]

Obwohl Studien bewiesen haben, dass Persönlichkeitstests geeignet sind, den beruflichen Erfolg vorherzusagen[3], sind psychologische Tests in Deutschland im Personalmanagement noch nicht weit verbreitet. Die Studie Scientist-practitioner gap in Deutschland: Eine empirische Studie am Beispiel psychologischer Testverfahren untersucht die Kluft zwischen wissenschaftlichen Erkenntnissen und ihrer Umsetzung in die betriebliche Praxis. Als Beispiel wird der Einsatz von psychologischen Tests bei der Personalauswahl angeführt. Neben der derzeitigen Häufigkeit des Einsatzes psychologischer Tests wurden deren Validität und mögliche Motive für den Verzicht auf psychologische Tests von Personalverantwortlichen von 116 deutschen Unternehmen bewertet. Die Ergebnisse zeigen, dass deutsche Unternehmen psychologische Tests relativ selten einsetzen und nur selten bei Verlagen psychologische Tests kaufen. Die geringe Gesichtsvalidität wurde als wichtigster potenzieller Grund dafür gewertet, dass psychologische Tests den Weg in die Unternehmenspraxis nicht finden.[4]

In der Folgenden Aufgabe werden die klassischen Gütekriterien für Testverfahren näher erläutert. Im Anschluss dessen wird vom Cluster C der Persönlichkeitsstörungen der Narzissmus veranschaulicht dargestellt.

1.1 Gütekriterien für Persönlichkeitstests

Testverfahren werden vor allem in der psychologischen Diagnostik angewendet. Dabei umfasst die Psychologische Diagnostik alle Methoden, welche zur Messung und Beschreibung bei psychologischen Unterschieden verwendet werden.[5] Beispiele sind Verfahren zur Messung der Intelligenz und Fragebögen zur Aufzeichnung weiterer Persönlichkeitsmerkmale. Die psychologischen Testverfahren sind eine der

---

[1] Vgl. Moosburger, H. & Kelava, A. (2020), S. 47 f.
[2] Vgl. Simon, W. (2006), S. 10
[3] Vgl. Schmidt, F.,L. & Hunter, J., E. (1998)
[4] Vgl. Benit, N., & Soellner, R. (2013)
[5] Vgl. https://dorsch.hogrefe.com/gebiet/persoenlichkeitspsychologie-und-differentielle-psychologie

erfolgreichsten Produktentwicklungsmethoden in der Psychologie. Sie werden beispielsweise zur Auswahl von Bewerbern oder zur Diagnose psychischer Anomalien verwendet. Testmethoden können auch zur Erstellung von Expertenberichten verwendet werden, sie können jedoch neben der psychologischen Diagnose auch als wirtschaftliche Methode zur Datenerfassung in der empirischen Forschung verwendet werden. Daher müssen psychologische Testverfahren den praktischen und wissenschaftlichen Anforderungen entsprechen.[6]

Moosbrugger und Kelava (2012) geben ebenfalls eine Definition von Testverfahren. *„Ein Test ist ein wissenschaftliches Routineverfahren zur Erfassung eines oder mehrerer empirisch abgrenzbarer psychologischer Merkmale mit dem Ziel einer möglichst genauen quantitativen Aussage über den Grad der individuellen Merkmalsausprägung".*[7] Doch wie kann ein qualitativ hochwertiges Testverfahren erkannt werden? Diverse Tests sind immer wieder in unserem Alltag zu finden und reichen von Tests in Zeitschriften bis hin zu Fernsehberichten, in denen zahlreiche Produkte etc. getestet werden. Diese Tests sind meist einfach abzugrenzen von qualitativ hochwertigen Tests.

Ein qualitativ hochwertiges Testverfahren ist ein wissenschaftliches Instrument, mit dem Informationen über das Erleben und Verhalten von Menschen gewonnen werden kann.[8] Ein Prüfkriterium in der Praxis für einen qualitativen hochwertigen Test ist zum einen, dass die Eigenschaft, bzw. das Merkmal, welches gemessen werden soll, klar definiert wird und gegenüber anderen Merkmalen abgegrenzt wird sowie wissenschaftlich erforscht sein soll. So sollten neben den erforschten Merkmalen, auch hinzureichend erforschte Modelle (z. B. Big Five) Inhalt dieser Tests sein. Beinhaltet der Test nur wenige Modelle odereigenständig erforschte Modelle vom Verfasser, sollte eine weitere Prüfung stattfinden, ob es die Messgegenstände wirklich gibt. In diesem Kontext gibt es bei Testverfahren oft den Verweis, dass die Testverfahren von den „hauseigenen" Psychologen entwickelt wurden. Testverfahren werden in den meisten Fällen von Psychologen erstellt, diese Personengruppe fordert jedoch auch meist empirische Belege, um eine gute Qualität des Testverfahrens sicherzustellen. Deswegen gilt dieser Verweis als kein Qualitätsmerkmal.[9] Ob ein Testverfahren qualitativ hochwertig ist, wird anhand von Gütekriterien gemessen. Die Hauptgütekriterien sind Objektivität, Reliabilität und Validität. In der Regel führt jeder Test ein Handbuch mit sich, in dem beschrieben wird, wie der Test entwickelt wurde sowie der theoretische Hintergrund. Des Weiteren

---

[6] Vgl. Müller, J. (2001), S. 10 f.

[7] Moosburger, H. & Kelava, A. (2020), S. 2
[8] Vgl. Sarges, W. (2000), S. 497

[9] Vgl. Steininger, T. (2019), S. 4

wird informiert, inwiefern die Gütekriterien in diesem Test erfüllt werden. Im Folgenden werden die drei Hauptgütekriterien beschrieben.[10]

1.1.1 Objektivität

Das Gütekriterium der Objektivität besagt, dass die Ergebnisse eines Testverfahrens unabhängig von der Person sein müssen, welche den Test auswertet und im Nachhinein die Interpretation durchführt.[11] Dies wird auch Durchführungs-, Auswertungs- und Interpretationsobjektivität genannt. Des weiteren kann bei computerbasierenden Verfahren gesagt werden, dass die Objektivität gegeben ist, da alle Teilnehmer dieselben Instruktionen erhalten und es ein automatisiertes Testergebnis gibt. Verfahren, welche manuell durchgeführt werden, kann die Objektivität verlieren, wenn die Teilnehmer die vorgeschriebenen Verfahrensvorgaben nicht einhalten.[12]

1.1.2 Reliabilität

Die Reliabilität bestimmt die Genauigkeit, mit der ein Test ein bestimmtes Merkmal misst. Es wird geprüft, ob eine Messung frei von unsystematischen Messfehlern ist. Außerdem wird darauf geachtet, dass das Kriterium, welches man messen möchte, auch wirklich gemessen wird. Die Höhe der Reliabilität wird in der Forschung mit einem Reliabilitätskoeffizienten angegeben, welcher „[...] zwischen 0 und 1 liegt. Je höher der Wert, desto höher ist grundsätzlich die Reliabilität."[13]

1.1.3 Validität

Die Validität gibt an, ob ein Test das misst, was er messen soll. Demnach ist die Validität der Reliabilität und der Objektivität übergeordnet. Wenn ein Test nicht gültig ist, da er z. B. etwas anderes misst als er sollte, sind Objektivität und Reliabilität nicht mehr von Bedeutung.[14] Demnach ist z. B. ein Intelligenztest nur dann valide, wenn der das Konstrukt Intelligenz auch tatsächlich misst.

---

[10] Vgl. Steininger, T. (2019), S. 5
[11] Vgl. Schmid-Atzert, L. & Amelang, M. (2012), S. 133 f.
[12] Vgl. Steininger, T. (2019), S. 5 f.
[13] Steininger, T. (2019), S. 5
[14] Vgl. Steininger, T. (2019), S. 6

1.2 Persönlichkeitsstörung Narzissmus

Im Folgenden wird Narzissmus im Allgemeinen definiert, weiterhin wird auf die narzisstische Persönlichkeitsstörung eingegangen und im Anschluss die Kriterien.

Narzissmus wird im allgemeinen Sprachgebrauch als Synonym für soziale Rücksichtslosigkeit oder selbstsüchtige Selbstliebe, Ich- oder Selbstbezogenheit verwendet.[15] Die wesentliche pathologischen Charaktermerkmale von Personen mit narzisstische Persönlichkeitsstörung beruhen auf einer pathologischen Selbstliebe, einer pathologischen Objektliebe und einem pathologischen Über-Ich. Sie zeigen ein übermäßiges Interesse an sich selbst. Außerdem zeigen Menschen mit NPS eine Überlegenheit, die sich in Exhibitionistischen Tendenzen, einem Empfinden von Überlegenheit, Rücksichtslosigkeit und einer Ambitioniertheit widerspiegelt, die weit über das hinausgeht, was sie tatsächlich erreichen können.[16]

Die narzisstische Persönlichkeitsstörung kann einen erheblichen Einfluss auf die Betroffenen und ihre Umgebung haben. In zwischenmenschlichen Beziehungen können narzisstische Menschen Schwierigkeiten haben, intime und langfristige Beziehungen aufrechtzuerhalten. Probleme in Partnerschaften und Freundschaften können aufgrund ihres Wunsches nach Anerkennung und ihrer Überzeugung, dass sie einzigartig sind, auftreten.[17]

Die Prävalenz der narzisstischen Persönlichkeitsstörung variiert je nach Studie und Untersuchungsmethode. Eine Meta-Analyse von Stinson et al. (2008) ergab, dass die geschätzte Lebenszeitprävalenz der NPS bei etwa 6,2 Prozent liegt. Es wird angenommen, dass Männer häufiger von narzisstischer Persönlichkeitsstörung betroffen sind als Frauen, obwohl es Unterschiede in den Ausprägungen des Narzissmus gibt.[18]

Darüber hinaus können narzisstische Merkmale auch am Arbeitsplatz negative Auswirkungen haben. Narzisstische Personen können dazu neigen, andere zu dominieren, Konflikte zu schüren und die Zusammenarbeit in Teams zu beeinträchtigen.[19] Dies kann zu einer geringeren Arbeitsleistung und einem ungünstigen Arbeitsklima führen.

---

[15] Vgl. Altmeyer, M. (2004), S. 16
[16] Vgl. Hartmann, H. et al. (2021), S. 96
[17] Vgl. Walter, M. & Bilke-Hentsch, O. (2020), S. 60
[18] Vgl. Dieckmann, E. (2018), S. 15
[19] Vgl. Walter, M. & Bilke-Hentsch, O. (2020), S. 62 f.

Es ist wichtig zu betonen, dass nicht alle Menschen mit narzisstischen Merkmalen automatisch eine narzisstische Persönlichkeitsstörung haben. Die Diagnose einer Persönlichkeitsstörung erfordert eine umfassende Bewertung und Berücksichtigung anderer Faktoren.

Persönlichkeitsstörungen werden im Diagnostischen und Statistischen Handbuch psychischer Störungen (DSM-IV bzw. DSM-V) definiert, um eine sichere Diagnose zu stellen. Das DSM-IV kodiert psychische Störungen auf fünf Achsen. Die narzisstische Persönlichkeitsstörung zählt zu Achse II der Persönlichkeitsstörungen und geistige Behinderungen. Die Achse II umfasst zehn verschiedene Persönlichkeitsstörungen, die in drei Clustern (A, B, C) eingeteilt sind. In dem DSM-IV werden die folgenden neun Kriterien genannt, von denen mindestens fünf erfüllt sein müssen und bereits im frühen Erwachsenenalter auftreten:[20]

Die Person/Patient...

1. hat ein grandioses Gefühl der eigenen Wichtigkeit, übertreibt etwa die eigenen Leistungen und Talente; erwartet ohne entsprechende Leistungen als überlegen anerkannt zu werden.
2. ist stark eingenommen von Phantasien grenzenlosen Erfolgs, Macht, Glanz, Schönheit oder idealer Liebe.
3. glaubt von sich, besonders und einzigartig zu sein und nur von anderen besonderen Personen oder Institutionen verstanden zu werden oder nur mit diesen verkehren zu können.
4. verlangt nach übermäßiger Bewunderung.
5. legt ein Anspruchsdenken an den Tag, erwartet eine bevorzugte Behandlung oder automatisches Eingehen auf die eigenen Erwartungen.
6. ist in zwischenmenschlichen Beziehungen ausbeuterisch, zieht Nutzen aus anderen, um eigene Ziele zu erreichen.
7. zeigt einen Mangel an Empathie: ist nicht fähig, die Gefühle oder Bedürfnisse anderer zu erkennen oder sich mit ihnen zu identifizieren.
8. ist häufig neidisch auf andere oder glaubt, andere seien neidisch.
9. zeigt arrogante, überhebliche Verhaltensweisen oder Handlungen.

Zusammenfassend lässt sich sagen, dass die narzisstische Persönlichkeitsstörung durch eine Kombination von Symptomen gekennzeichnet ist, die das Selbstbild, die zwischenmenschlichen Beziehungen, die Arbeitsleistung und die psychische

---

[20] Vgl. Hartmann, H. et al. (2021), S. 27 / Falkai, P. et al. (2018), S. 883 f.,1107

Gesundheit beeinflussen. Die Verwendung der Kriterien der NPS gemäß dem DSM-IV und DSM-IV ermöglicht eine standardisierte Diagnose und Klassifizierung der Störung.

2. Aufgabe: Kontroversen in der Persönlichkeitspsychologie

2.1 Einzigartigkeit vs. Generalisierbarkeit

Zunächst werden die Begriffe Einzigartigkeit und Generalisierbarkeit definiert, dementsprechend wird die Kontroverse vorgestellt und im Nachgang aus einem Beispiel der Forschung erläutert.

Einzigartigkeit ist der Begriff, der sich auf die einzigartigen Merkmale oder Eigenschaften bezieht, die sie von anderen Menschen unterscheiden. Jeder Mensch hat eine eigene Kombination von Persönlichkeitsmerkmalen, Verhaltensweisen, Erfahrungen und inneren Erfahrungen, die seine oder ihre Individualität ausmachen.[21]

Generalisierbarkeit hingegen bezieht sich auf die Fähigkeit, allgemeine Aussagen, Muster oder Prinzipien über eine Gruppe von Menschen oder das Verhalten dieser Gruppe zu machen. Generalisierbarkeit bedeutet, dass es Gemeinsamkeiten oder Tendenzen in der menschlichen Persönlichkeit gibt, die über individuelle Unterschiede hinausgehen und auf allgemeine Gesetzmäßigkeiten oder Modelle zurückgeführt werden können.[22]

Die Frage, ob Persönlichkeitsmerkmale und -prozesse individuell einzigartig sind oder ob sie auf allgemeine Muster und Prinzipien zurückgeführt werden können, steht im Mittelpunkt der Kontroverse.[23]

Die Betrachtung des Selbstkonzepts ist ein Beispiel aus der Forschung, dass die Einzigartigkeit verdeutlicht. Sie hat gezeigt, dass das Selbstkonzept eine wichtige Rolle bei der Entwicklung der Persönlichkeit spielt und individuell geformt wird. Dazu gehören die eigenen Werte, Überzeugungen und das Selbstwertgefühl. Die Studie Self-esteem as an interpersonal monitor: The sociometer hypothesis von Leary und Kollegen (1995) ergab, dass Menschen ihre Überzeugungen und Eigenschaften als einzigartig und persönlich wahrnehmen. Sie beleget auch, dass individuelle Unterschiede und

---

[21] Vgl. Fisseni, H.-J. (2003), S. 3 f.
[22] Vgl. https://wpgs.de/fachtexte/wirtschaftspsychologie/externe-validitaet-psychologie/
[23] Vgl. Laux, L. (2008), S. 16

Wahrnehmungen der eigenen Einzigartigkeit eine wichtige Rolle im Bereich des Selbstwertgefühls spielen.[24]

Die Erforschung von Persönlichkeitsmerkmalen und Karriereerfolg ist ein Beispiel aus dem Alltag, welches die Generalisierbarkeit verdeutlicht.[25] Eine Meta-Analyse von Barrick und Mount (1991) untersuchte den Zusammenhang zwischen den Big Five-Dimensionen und der beruflichen Leistung. Die Ergebnisse zeigten, dass Gewissenhaftigkeit, Extraversion und Offenheit für Erfahrungen mit einer besseren Leistung am Arbeitsplatz verbunden waren. Schluss folglich sind Persönlichkeitsmerkmale generalisierbare Eigenschaften.[26]

Das Big Five-Modell ermöglicht allgemeine Aussagen über Persönlichkeitsmerkmale und ihre Beziehung zur Leistung, während das Selbstkonzept die individuellen Unterschiede betont. Die Berücksichtigung der individuellen Einzigartigkeit jedes Menschen sowie der gemeinsamen Merkmale und Muster, die über Personen hinweg existieren können, sind erforderlich, um ein umfassendes Verständnis der menschlichen Persönlichkeit zu entwickeln.

2.2 Person vs. Situation

Die Kontroverse zwischen Person und Situation ist ein zentrales Thema in der Persönlichkeitspsychologie und beleuchtet die Frage nach dem Einfluss individueller Merkmale im Vergleich zu den Umständen und Bedingungen einer Situation auf das Verhalten und die Eigenschaften einer Person. Beide Perspektiven müssen mit der Selbstdarstellung als Bindeglied berücksichtigt werden, um ein vollständiges Persönlichkeitsbild zu entwickeln.[27] Im Folgenden wird näher darauf eingegangen.

Selbstbilder können je nach Situation faktisch oder potenziell kategorisiert werden und variieren.[28] Die Stanford-Gefängnisstudie aus dem Jahre 1971 von Philip Zimbardo, zeigt den starken Einfluss der Situation auf das Verhalten der Teilnehmer, unabhängig von ihren individuellen Persönlichkeitsmerkmalen. In diesem Experiment wurden freiwillige Teilnehmer zufällig entweder als Häftlinge oder als Wärter in einem simulierten Gefängnis eingeteilt. Die Studie sollte untersuchen, wie sich Menschen in einer autoritären Situation verhalten. Die Ergebnisse dieser Studie zeigten, dass sich sowohl

---

[24] Vgl. Leary, M. R., Tambor, E. S., Terdal, S. K., & Downs, D. L. (1995), S. 518 f.
[25] Vgl. Spurk, D., Volmer, J., Abele, A.E. (2012), S. 1 ff.
[26] Vgl. Barrick, M. R., & Mount, M. K. (1991), S. 68 f.
[27] Vgl. Laux, L. (2008), S. 16
[28] Vgl. Laux, L. (2008), S. 245

die Häftlinge als auch die Wärter stark mit ihren Rollen identifizierten und das Verhalten entwickelten, das mit diesen Rollen stereotyp assoziiert wird. Das Experiment ging so weit, dass man diesen abbrechen musste. Unter anderem durch Deindividuation der Teilnehmer seien diese Verhaltensweisen hervorgerufen worden.[29]

Das Verhalten von Menschen im Straßenverkehr ist ein weiteres Beispiel die die Kontroverse veranschaulicht. Hier ist sowohl die individuelle Persönlichkeit einer Person als auch die Situation, in der sie sich befindet, von Bedeutung. Personen mit einer tendenziell aggressiven Persönlichkeit können dazu neigen, riskanteres und feindseligeres Verhalten im Straßenverkehr zu zeigen. Andererseits kann eine stressige oder überfüllte Verkehrssituation auch dazu führen, dass selbst normalerweise friedliche Menschen gereizt oder aggressiv reagieren.[30]

Eine Langzeitstudie untersuchte den Einfluss von Persönlichkeit und Situation auf das Fahrverhalten von jüngeren Fahrern. Die Ergebnisse zeigten, dass sowohl Persönlichkeitsmerkmale als auch Verkehrssituationen einen signifikanten Einfluss auf das Fahrverhalten hatten. Personen mit bestimmten Persönlichkeitsmerkmalen neigten dazu, häufiger aggressive Fahrmanöver durchzuführen, während bestimmte Verkehrssituationen das Risiko von aggressivem Fahrverhalten erhöhten.[31]

Ein umfassendes Verständnis der Persönlichkeit erfordert die Berücksichtigung sowohl der inneren Strukturmodelle, die individuelle Eigenschaften betonen, als auch der externen Wirkungsmodelle, die die Rolle des sozialen Kontexts betonen. Individuelle Persönlichkeitsmerkmale können sowohl als Prädiktoren als auch als Produkte der Selbstdarstellung interpretiert werden, was die komplexe Wechselwirkung zwischen Person und Situation weiter verdeutlicht.[32]

Die Erkenntnisse aus der Kontroverse zwischen Person und Situation haben wichtige Implikationen für verschiedene Bereiche des menschlichen Lebens, wie beispielsweise das Personalmanagement, die soziale Interaktion oder das Verständnis von menschlichem Verhalten im Allgemeinen. Eine ganzheitliche Betrachtung, die sowohl individuelle Merkmale als auch situative Faktoren berücksichtigt, ermöglicht ein umfassenderes und differenzierteres Verständnis.

[29] Vgl. Zimbardo, P. (2005), S. 11 ff.
[30] Vgl. https://www.planet-wissen.de/technik/verkehr/sicherheit_im_strassenverkehr/sicherheit-strassenverkehr-aggression-100.html
[31] Vgl. Banse, R., et al. (2014), S. 42 ff.
[32] Vgl. Furr, M. & Funder, D. (2016), S. 1 ff.

3. Aufgabe: Das Konzept der Kreativität und der Intelligenz

Kreativität und Intelligenz sind zwei unterschiedliche Konzepte, die sich auf mentale Fähigkeiten beziehen, jedoch verschiedene Aspekte des Denkens und Problemlösens betreffen. Während Intelligenz die Fähigkeit zur Informationsverarbeitung, das rationale Denken und die Problemlösungsfähigkeit umfasst, bezieht sich Kreativität auf die Fähigkeit, neue und originelle Ideen sowie Lösungsansätze zu generieren.[33] Im Folgenden wird auf das Konzept der Kreativität von der Intelligenz abgegrenzt, die Messung von Kreativität erläutert und kreativitätsfördernde sowie kreativitätsbehindernde situative Einflüsse anhand von Beispielen aus dem Berufsalltag analysiert.

3.1 Abgrenzung von Kreativität und Intelligenz

Zunächst ist es wichtig, die Begriffe Kreativität und Intelligenz zu definieren und ihre Unterscheidungsmerkmale zu erläutern. Intelligenz wird oft als die Fähigkeit definiert, abstrakt zu denken, Informationen zu verarbeiten, Probleme zu lösen und Wissen anzuwenden.[34] In der Psychologie stellt Intelligenz das am besten erforschte Persönlichkeitsmerkmal dar.[35] Kreativität hingegen bezieht sich auf die Fähigkeit, neue und nützliche Ideen zu generieren, Originalität zu zeigen und vorhandenes Wissen auf innovative Weise zu kombinieren.[36]

Die neurologische Perspektive hilft dabei, die Unterschiede zwischen Kreativität und Intelligenz zu verstehen. Untersuchungen mittels bildgebender Verfahren wie der funktionellen Magnetresonanztomographie haben gezeigt, dass verschiedene Gehirnregionen bei kreativem Denken und bei intellektuellen Aufgaben unterschiedlich aktiviert werden. So sind beim kreativen Denken die frontalen und parietalen Regionen des Gehirns stärker involviert, während bei intellektuellen Aufgaben eher die präfrontalen und temporalen Regionen aktiv sind.[37]

Guilford (1950) hatte einen bedeutenden Einfluss auf die Kreativitätsforschung, indem er Intelligenz und Kreativität mit zwei verschiedenen Arten des Problemlösens in Verbindung brachte und lauten wie folgt:[38]

[33] Vgl. Asendorpf, J. (2004), S. 150, 163
[34] Vgl. Asendorpf, J. (2004), S. 150
[35] Vgl. Stern, E. & Neubauer, A. (2013), S. 23
[36] Vgl. Asendorpf, J. (2004), S. 163
[37] Vgl. Hutter, L. (2013), S. 20 ff.
[38] Vgl. Guilford, J. P. (1950), S. 444 ff. / Asendorpf, J. (2004), S. 163

Konvergentes Denken bezieht sich auf die Fähigkeit, eine einzige korrekte Lösung für ein gegebenes Problem zu finden. Es ist eng mit traditionellen Intelligenztests verbunden, bei denen die Teilnehmer versuchen, die richtige Antwort zu identifizieren oder eine logische Schlussfolgerung zu ziehen. Diese Art des Denkens ist linear, zielgerichtet und auf die Auswahl der besten Option ausgerichtet. Hier sind präfrontale und temporale Gehirnregionen stärker aktiv

Divergentes Denken hingegen bezieht sich auf die Fähigkeit, viele verschiedene Lösungen für ein Problem zu generieren. Es beinhaltet das Erzeugen verschiedener Ideen, das Assoziieren von Konzepten, das Denken in Alternativen und das Erkennen von ungewöhnlichen Zusammenhängen. Divergentes Denken wird oft als zentraler Bestandteil der Kreativität angesehen, da es den Raum für Originalität und Innovation eröffnet. Eine stärkere Aktivierung frontaler und parietaler Gehirnregionen ist beim divergenten Denken zu beobachten.

Guilfords Ansatz betonte, dass Kreativität über konvergentes und divergentes Denken hinausgeht und eine breite Palette kognitiver Prozesse umfasst. Er argumentierte, dass traditionelle Intelligenztests nicht ausreichend sind, um die volle Bandbreite der kreativen Fähigkeiten einer Person zu erfassen. Stattdessen schlug er vor, dass die Messung von Kreativität durch die Integration verschiedener Dimensionen wie Fluency (Flüssigkeit), Flexibility (Flexibilität), Originality (Originalität) und Elaboration (Ausarbeitung) erfolgen sollte. Diese sind wie folgt zu verstehen:[39]

- Fluency bezieht sich auf die Fähigkeit, eine große Anzahl von Ideen oder Lösungen zu generieren, ohne sich zu beschränken.
- Flexibility beinhaltet das Vermögen, verschiedene Perspektiven einzunehmen und alternative Herangehensweisen zu finden.
- Originality bezieht sich auf neue und ungewöhnliche Ideen oder Lösungen zu entwickeln.
- Elaboration bezeichnet die Fähigkeit, Ideen in der Tiefe auszuarbeiten und weiterzuentwickeln.

Diese vier Komponenten des divergenten Denkens sind grundlegende Aspekte der Kreativität und werden in verschiedenen Kreativitätstests gemessen.[40] Durch die Anwendung dieser Tests können wir ein besseres Verständnis dafür entwickeln, wie Menschen kreatives Denken nutzen und wie sich ihre Fähigkeiten in verschiedenen Bereichen und Kontexten manifestieren.

---

[39] Vgl. Guilford, J. P. (1950), S. 444 ff.
[40] Vgl. Guilford, J. P. (1950), S. 444 ff. / Asendorpf, J. (2004), S. 163 f.

3.2 Messung von Kreativität

Die Messung von Kreativität ist eine komplexe Aufgabe, da sie sich auf ein vielschichtiges und subjektives Konstrukt bezieht. Forscher und Psychologen haben im Laufe der Zeit verschiedene Theorien und Methoden entwickelt, um die Kreativität zu messen und zu bewerten. Im Folgenden werden verschiedene Möglichkeiten dargestellt.

Auf die Theorie der divergenten Produktion von Guilford (1950) wurde bereits in 3.1 dargestellt. Die Messung von Kreativität nach dieser Theorie konzentriert sich auf Aufgaben wie das Generieren von Alternativen, das Brainstorming oder das Finden unkonventioneller Verwendungen für Objekte.[41]

Die Theorie von Sternberg (2003) der kreativen Intelligenz integriert traditionelle Intelligenzkonzepte mit Kreativität. Sie besagt, dass Kreativität als Teil der allgemeinen Intelligenz betrachtet werden sollte und damit eine Triarchische Theorie der Intelligenz vor, die analytische, praktische und kreative Punkte umfasst. Dieses theoretische Maß der Kreativität beurteilt die Fähigkeit einer Person, innovative und kreative Lösungen in realen Umgebungen zu finden.[42]

Das systematische Modell der Kreativität von Csikszentmihalyi (1996) stellt den kreativen Prozess und die psychologischen Merkmale, die zur Kreativität führen, dar. Nach diesem Modell besteht Kreativität aus einer Wechselwirkung zwischen dem individuellen Können, dem kulturellen Umfeld und dem Aufgabenkontext. Die Messung von Kreativität nach diesem Ansatz umfasst die Bewertung der Faktoren wie Fachwissen, Motivation, kognitive Flexibilität und Umweltbedingungen, die den kreativen Prozess beeinflussen.[43]

Nach der Betrachtung der verschiedenen theoretischen Modelle zur Messung von Kreativität wird nun auf die verschiedenen Methodiken eingegangen.

Kreativitätstests sind standardisierte Verfahren, die die kreativen Fähigkeiten einer Person messen. Hierzu zählen beispielsweise die Torrance Test of Creative Thinking und der Creative Achievement Questionnaire.[44]

Der **TTCT** ist einer der bekanntesten und am häufigsten verwendeten Tests zur Messung von Kreativität. Er wurde von E. Paul Torrance entwickelt und besteht

[41] Vgl. Guilford, J. P. (1950), S. 444 ff.
[42] Vgl. https://dorsch.hogrefe.com/stichwort/sternberg-robert-j
[43] Vgl. Csikszentmihalyi, M. (1996), S. 107 ff.
[44] Vgl. Torrance, E. P. (1980), S. 148

aus verschiedenen Aufgaben, die das divergente Denken und die kreative Problemlösungsfähigkeit messen. Der Test umfasst Aufgaben wie das Ergänzen unvollständiger Bilder, das Generieren von Titeln für Bilder oder das Aufstellen von Verbindungen zwischen scheinbar nicht zusammengehörigen Elementen. Die Bewertung erfolgt anhand von Kriterien wie Originalität, Flüssigkeit, Flexibilität und Elaboration der Ideen.[45]

Bei der Entwicklung neuer Produkte oder der Durchführung von Innovationsprojekten ist Kreativität von entscheidender Bedeutung. Unternehmen können die kreativen Fähigkeiten ihrer Mitarbeiter durch die Analyse von kreativen Portfolios, Expertenbewertungen oder die Anwendung von Kreativitätstests wie dem TTCT bewerten.[46] Diese Methoden helfen bei der Identifizierung von talentierten und innovativen Mitarbeitern sowie bei der Einschätzung des kreativen Potenzials von Teams und deren individuellen Beiträgen.

Der **CAQ**, der auch auf Deutsch verfügbar ist, ist der am weitesten verbreitete Selbstauskunftsfragebogen in der Forschung. Er fordert eine Steigerung der Kreativität in zehn verschiedenen Bereichen (wie Bildende Kunst und Musik). Der Fragebogen kann auch Informationen über den Umfang, die Qualität und die öffentliche Anerkennung der kreativen Leistungen einer Person liefern. Die Bewertung erfolgt anhand von selbstberichteten Angaben, die auf objektive Maßstäbe wie Auszeichnungen, Veröffentlichungen oder öffentliche Anerkennung abgestimmt werden können.[47]

In kreativen Berufen wie Kunst, Design, Architektur oder Werbung spielen Messmethoden wie die Bewertung von kreativen Werken, Portfolio-Analysen und Expertenbewertungen eine große Rolle. Kreative Professionals können ihre kreativen Leistungen durch Ausstellungen, Awards oder Veröffentlichungen nachweisen, ähnlich wie beim CAQ, der die individuellen kreativen Errungenschaften erfasst.[48]

Diese Tests bieten strukturierte und standardisierte Ansätze, um die kreativen Fähigkeiten und Leistungen einer Person zu erfassen. Sie ermöglichen eine vergleichende Bewertung und können sowohl in Forschungskontexten als auch in der

[45] Vgl. Torrance, E. P. (1980), S. 149 ff.
[46] Vgl. Funke, J. (2021), S. 62 ff.

[47] Vgl. Shelley H., et al. (2015), S. 37 ff.
[48] Vgl. Krampen, G. (2019), S. 398 f.

beruflichen Praxis eingesetzt werden. Es ist jedoch wichtig zu beachten, dass sie nur bestimmte Aspekte der Kreativität erfassen und nicht alle Dimensionen und Facetten abdecken können.[49] Daher ist es ratsam, diese Tests in Kombination mit anderen Methoden und Ansätzen zur Messung von Kreativität zu verwenden, um ein umfassendes Bild zu erhalten.

3.3 Kreativitätsfördernde und kreativitätsbehindernde situative Einflüsse

Eine Studie des IBM Institute for Business Value ergab, dass Unternehmen, die eine Kultur der Kreativität und Innovation fördern, deutlich erfolgreichere Ergebnisse erzielen. Die Studie basierte auf einer Umfrage von mehr als 1.500 Führungskräften aus verschiedenen Branchen weltweit. Die Ergebnisse zeigten, dass Unternehmen mit einer starken Fokussierung auf Kreativität und Innovation im Vergleich zu ihren Wettbewerbern eine um 30 Prozent höhere Wahrscheinlichkeit hatten, schnelleres Umsatzwachstum zu verzeichnen.[50]

Diese statistische Erkenntnis untermauert die Bedeutung einer kreativitätsfördernden Unternehmenskultur im beruflichen Alltag. Es zeigt, dass Unternehmen, die ihre Mitarbeiter dazu ermutigen, neue Ideen zu generieren, kreative Lösungen zu finden und innovative Ansätze zu verfolgen, einen signifikanten Wettbewerbsvorteil erlangen können. Durch die Schaffung eines Umfelds, das Kreativität und Innovation fördert, können Unternehmen ihre Innovationsfähigkeit stärken und sich erfolgreich an die sich verändernden Marktanforderungen anpassen.

Im Folgenden wird vertieft auf Kreativitätsfördernde situative Einflüsse im Berufsalltag eingegangen.

Kreativität ist ein entscheidender Faktor für Innovation und Wachstum sowohl in persönlichen als auch in beruflichen Kontexten. Rhodes (1961) identifizierte vier Schlüsselfaktoren, die zur Förderung von Kreativität beitragen, die als die 4P's bekannt sind: Person, Produkt, Prozess und Umfeld. Diese Faktoren können sowohl einzeln als auch in Wechselwirkung miteinander wirken, um kreatives Denken und Handeln zu unterstützen.[51]

---

[49] Vgl. Palmer, C. (2016), S. 163 f.
[50] Vgl. https://www.ibm.com/downloads/cas/WE70L7XO
[51] Vgl. Rhodes, M. (1961), S. 305 ff.

18

Die individuellen Merkmale einer **Person** spielen eine wichtige Rolle bei der Förderung von Kreativität. Faktoren wie Offenheit für neue Erfahrungen, Neugier, Risikobereitschaft, Flexibilität und Originalität des Denkens beeinflussen die Kreativität einer Person.[52] Im beruflichen Alltag können diese Merkmale bei der Einstellung und Entwicklung von Mitarbeitern berücksichtigt werden, um ein kreatives Potenzial zu fördern.

Das kreative **Produkt** bezieht sich auf die Ideen, Lösungen oder Innovationen, die als Ergebnis des kreativen Prozesses entstehen. Kreativitätsfördernde situative Einflüsse umfassen die Verfügbarkeit von Ressourcen, Unterstützung bei der Umsetzung von Ideen, Zeit für kreatives Experimentieren und die Anerkennung von kreativen Leistungen.[53] Im beruflichen Alltag können Unternehmen kreative Freiräume schaffen, indem sie Ressourcen zur Verfügung stellen und ein Umfeld fördern, in dem kreative Ideen geschätzt und umgesetzt werden können.

Das **Umfeld**, in dem eine Person arbeitet, hat einen erheblichen Einfluss auf ihre Kreativität.[54] Ein unterstützendes Umfeld, das von Vertrauen, Offenheit, Toleranz gegenüber unterschiedlichen Perspektiven und einer positiven Fehlerkultur geprägt ist, fördert die Kreativität. Im beruflichen Alltag können Unternehmen ein kreativitätsförderndes Klima schaffen.

Der kreative **Prozess** bezieht sich auf die Art und Weise, wie Ideen generiert, kombiniert, entwickelt und bewertet werden.[55] Kreativitätsfördernde Prozesse umfassen beispielsweise das Brainstorming, das Prototyping und die Möglichkeit, Fehler zu machen und daraus zu lernen. Im beruflichen Alltag können Unternehmen den kreativen Prozess unterstützen, indem sie Raum für Experimente bieten, Kollaboration und den Austausch von Ideen fördern und eine Fehlerkultur etablieren, die Lernen und Innovation ermöglicht.

In Ergänzung zu Rhodes' 4P's bietet Preiser (2011) das Konzept des Kreativitäts- und Innovationsfreundlichen Klimas (KIK). KIK umfasst eine Reihe von Faktoren, die das Arbeitsumfeld beeinflussen und die Kreativität fördern können:[56]

- **Offenheit und Toleranz:** Ein kreativitätsförderndes Klima ermutigt Mitarbeiter, ihre Ideen und Meinungen ohne Angst vor Kritik oder Ablehnung zu äußern. Eine

[52] Vgl. Rhodes, M. (1961), S. 305 - 310
[53] Vgl. Rhodes, M. (1961), S. 305 - 310
[54] Vgl. Rhodes, M. (1961), S. 305 - 310
[55] Vgl. Rhodes, M. (1961), S. 305 - 310
[56] Vgl. Preiser, S. (2011), S. 28 ff.

Atmosphäre der Offenheit und Toleranz ermöglicht es den Mitarbeitern, innovative Ansätze zu verfolgen und alternative Lösungen zu finden.

- **Freiheit und Autonomie:** Mitarbeiter benötigen Freiheit und Autonomie, um ihre kreativen Ideen zu entwickeln und umzusetzen. Eine zu starre Kontrolle oder Mikromanagement kann die Kreativität einschränken. Unternehmen können den Mitarbeitern Raum für Experimente und Eigeninitiative bieten, um ihre kreativen Fähigkeiten voll auszuschöpfen.

- **Unterstützung und Ressourcen:** Die Verfügbarkeit von Ressourcen, sei es finanzieller, technischer oder personeller Art, ist entscheidend für die Förderung von Kreativität. Ein kreativitätsförderndes Klima stellt sicher, dass die Mitarbeiter Zugang zu den erforderlichen Ressourcen haben, um ihre Ideen umzusetzen. Zudem werden sie durch die Organisation bei der Entwicklung ihrer Fähigkeiten und Kompetenzen unterstützt.

- **Fehlerkultur und Lernorientierung:** Eine Organisation, die Fehler als Chancen zum Lernen und zur Weiterentwicklung betrachtet, fördert die Kreativität. Mitarbeiter sollten ermutigt werden, Risiken einzugehen und innovative Ansätze auszuprobieren, auch wenn dies zu Fehlern führen kann. Durch eine positive Fehlerkultur wird ein Umfeld geschaffen, in dem Experimente und Innovation gefördert werden.

In Kombination mit den kreativitätsfördernden situativen Einflüssen gibt es auch Faktoren, die die Kreativität behindern können. Diese situativen Kreativitätsblockaden können die Innovationsfähigkeit einer Person oder eines Teams einschränken und den kreativen Prozess erschweren. Im Folgenden werden einige häufige situative Kreativitätsbehinderungen dargestellt:[57]

---

[57] Vgl. Preiser, S. (2011), S. 30 / Funke, J. (2021), S. 68 / Amabile, T., et al. (1996), S. 1159

Literaturverzeichnis

Altmeyer, M. (2004), Narzissmus und Objekt: Ein intersubjektives Verständnis der Selbstsüchtigkeit, Vandenhoeck & Ruprecht, Göttingen.

Amabile, T. M., Conti, R., Coon, H., Lazenby, J. & Herron, M. (1996), Assessing the Work Environment for Creativity. Academy of Management Journal: https://www.jstor.org/stable/256995
(abgerufen am 1. Juni 2023)

Asendorpf, J. (2004), Psychologie der Persönlichkeit, 3. Auflage, Springer, Heidelberg.

Banse, R., et al. (2014), Abschlussbericht - Persönlichkeit, Einstellungen und Fahrverhalten bei jungen Autofahrern Ergebnisse einer sechsjährigen Längsschnittstudie, Rheinische Friedrich-Wilhelms-Universität Bonn.

Barrick, M. R., & Mount, M. K. (1991), The Big Five personality dimensions and job performance: A meta-analysis. Personnel Psychology, SA Journal of Industrial Psychology.

Becker, F. (o.J.), Externe Validität in der Psychologie: Generalisierbarkeit: https://wpgs.de/fachtexte/wirtschaftspsychologie/externe-validitaet-psychologie/
(abgerufen am 16. Mai 2023)

Benit, N., & Soellner, R. (2013), Scientist-practitioner gap in Deutschland: Eine empirische Studie am Beispiel psychologischer Testverfahren [Scientist-practitioner gap in Germany: An empirical study exemplified by psychological tests]. Zeitschrift für Arbeits- und Organisationspsychologie.

Csikszentmihalyi, M. (1996), Creativity: Flow and the psychology of discovery and invention, Harper Collins Publishers, New York.

Dorsch – Lexikon der Psychologie, Persönlichkeits- und Differentielle Psychologie: https://dorsch.hogrefe.com/gebiet/persoenlichkeitspsychologie-und-differentielle-psychologie
(abgerufen am 15. Mai 2023)

Dorsch – Lexikon der Psychologie, Triarchic Theory of Intelligence: https://dorsch.hogrefe.com/stichwort/sternberg-robert-j
(abgerufen am 26. Mai 2023)

Dieckmann, E. (2018), Die narzisstische Persönlichkeitsstörung mit Schematherapie behandeln, 2. Auflage, Klett-Cotta, Stuttgart.

Falkai, P., Wittchen, H.-U., Döpfner, M., Gaebel, M., Maier, W., Rief, W., Saß, H., Zaudig, M. (2018), Diagnostisches und Statistisches Manual Psychischer Störungen DSM-5, 2. Auflage, Hogrefe, Göttingen.

Funke, J. (2021), Psychologie der Kreativität, Recht Innovativ: https://www.researchgate.net/profile/Joachim-Funke/publication/358599940_Psychologie_der_Kreativitat/links/62cd428500d0b451104df508/Psychologie-der-Kreativitaet.pdf
(abgerufen am 27. Mai 2023)

Fisseni, H.-J. (2003), Persönlichkeitspsychologie: Ein Theorienüberblick, Hogrefe-Verlag, Göttingen.

Furr, M. & Funder, D. (2016), Handbook of personality: Theory and research - Persons, Situations, and Person-Situation Interactions, 4. Auflage, New York.

Guilford, J. P. (1950), Creativity. The American Psychologist: https://psycnet.apa.org/record/1951-04354-001
(abgerufen am 26. Mai 2023)

Hartmann, H., Kernberg, O., Doering, S. (2021), Narzissmus: Grundlagen - Störungsbilder - Therapie, 2. Auflage, Schatteur, Stuttgart.

IBM Institute for Business Value (2021), Ausgerichtet auf den Erfolg mit EWM Wie man arbeitet, so gewinnt man:
https://www.ibm.com/downloads/cas/WE70L7XO
(abgerufen am 1. Juni 2023)

Kneiding, Ulf (2020), Sicherheit im Straßenverkehr, Aggressives Verhalten im Straßenverkehr:
https://www.planetwissen.de/technik/verkehr/sicherheit_im_strassenverkehr/sicherheit-strassenverkehr-aggression-100.html
(abgerufen am 20. Mai 2023)

Krampen, G. (2019), Psychologie der Kreativität: Divergentes Denken und Handeln in Forschung und Praxis, Hogrefe, Göttingen.

Laux, L. (2008), Persönlichkeitspsychologie, Grundriss der Psychologie, 2. Auflage, Kohlkammer, Stuttgart.

Leary, M. R., Tambor, E. S., Terdal, S. K., & Downs, D. L. (1995), Self-esteem as an interpersonal monitor: The sociometer hypothesis. Journal of Personality and Social Psychology:
https://psycnet.apa.org/record/1995-25087-001
(abgerufen am 16. Mai)

Moosburger, H. & Kelava, A. (2020), Testtheorie und Fragebogenkonstruktion, 3. Auflage, Springer, Berlin.

Moosburger, H. & Kelava, A. (2012), Testtheorie und Fragebogenkonstruktion, Springer, Berlin Heidelberg.

Müller, J. (2001), Kennwerte psychologischer Testverfahren. Universität Bremen.

Palmer, C. (2016), Berufsbezogene Kreativitätsdiagnostik, Beschreibung und Messung der personalen Voraussetzungen von Innovationen, Springer Fachmedien, Wiesbaden.

Preiser, S. (2011), Gestaltung eines kreativitätsfreundlichen Lernklimas, Befragungsinstrument und Trainingskonzept für pädagogische Fachkräfte, Kreativität: Zufall oder harte Arbeit?, C. Koop & O. Steenbuck, Karg-Stiftung, Frankfurt.

Sarges, W. (2000), Diagnose von Managementpotential für eine sich immer schneller und unvorhersehbarer ändernde Wirtschaftswelt, Lutz von Rosenstiel & Thomas Lang-von Wins (Hrsg.), Hogrefe, Göttingen.

Schmid-Atzert, L. & Amelang, M. (2012), Psychologische Diagnostik, 5. Auflage, Springer, Berlin Heidelberg.

Schmidt, F.,L. & Hunter, J., E. (1998), The Validity and Utility of Selection Methods in Personnel Psychology, Article in Psychological Bulletin.

Shelley H., et al. (2015), Reliability, Validity, and Factor Structure of the Creative Achievement Questionnaire, Band 17, Creativity Research Journal.

Simon, W. (2006), Persönlichkeitsmodelle und Persönlichkeitstests: 15 Persönlichkeitsmodelle für Personalauswahl, Persönlichkeitsentwicklung, Training und Coaching, Gabal Verlag, Offenbach.

Steininger, T. (2019), Der Einsatz psychologischer Testverfahren in Unternehmen: Ein Leitfaden für Anwender und solche, die es werden wollen, Springer Fachmedien, Wiesbaden.

Stern, E. & Neubauer, A. (2013), Intelligenz. Große Unterschiede und ihre Folgen, Deutsche Verlagsanstalt, München.

Spurk, D., Volmer, J., Abele, A.E. (2012), Berufsforschung im Spannungsfeld verschiedener Ansprüche, Prognose von Berufserfolg: Überblick und aktuelle Trends: https://www.uni-bamberg.de/fileadmin/uni/fakultaeten/ppp_lehrstuehle/organisationspsychologie/Publik ationen_JV/Spurk_Volmer_Abele_Prognose_von_Berufserfolg_2013_Pahl.pdf (abgerufen am 17. Mai 2023)

Torrance, E. P. (1980), Growing Up Creatively Gifted: The 22-Year Longitudinal Study, The Creative Child and Adult Quarterly.

Walter, M. & Bilke-Hentsch, O. (2020), Narzissmus: Grundlagen - Formen – Intervention, 1. Auflage, Kohlkammer, Stuttgart.

Zimbardo, P. (2005), Das Stanford Gefängnis Experiment, Eine Simulationsstudie über die Sozialpsychologie der Haft, 3. Auflage, Santiago Verlag, Goch.